ARTIME USEINI

# UNSERE *Lebenswege* GEHEN WIR GANZ *alleine*

novum pro

Dieses Buch ist auch als
# e-book
erhältlich.

© 2024 novum Verlag

ISBN 978-3-99146-359-7
Lektorat: Andrea Pichler
Umschlagfoto:
Tatiana Mezhenina | Dreamstime.com
Umschlaggestaltung, Layout & Satz:
novum Verlag
Innenabbildungen:
siehe Bildquellennachweis S. 60

Bibliografische Information
der Deutschen Nationalbibliothek:

Die Deutsche Nationalbibliothek
verzeichnet diese Publikation in
der Deutschen Nationalbibliografie.
Detaillierte bibliografische Daten
sind im Internet über
http://www.d-nb.de abrufbar.

Trotz aller Bemühungen ist es der
Autorin nicht gelungen, alle
Rechteinhaber der Bilder ausfindig zu
machen. Setzen Sie sich daher bitte
mit dem Verlag in Verbindung, falls
Vergütungen anliegen.

Die von der Autorin zur Verfügung
gestellten Abbildungen wurden in der
bestmöglichen Qualität gedruckt.

**www.novumverlag.com**

Gedruckt in der Europäischen Union
auf umweltfreundlichem, chlor- und
säurefrei gebleichtem Papier.

Druckprodukt mit finanziellem
**Klimabeitrag**
ClimatePartner.com/16547-2311-1001

# Lebenswege

Unsere Lebenswege gehen wir nicht ganz alleine, das Leben fängt mit der Hebamme und mit der leiblichen Mutter an, diesen Zeitpunkt können wir uns gar NIE und gar nicht vorstellen, wir erwärmen uns vom Erzählen der leiblichen Mutter oder, so wie bei mir, auch von anderen Verwandten, wie Großmutter und Tanten, weil es bei mir eine Heimgeburt war. Daher gehen wir durch unser Leben, um uns zu kennen, um uns zu finden, aber egal, wo ich hingehe, egal, wo ich mit meinen Gedanken hinreise, finde ich die Logik bei meinen Wurzeln. Trotzdem habe ich nur wenige wichtige erfüllende Punkte mit meinen Wurzeln, die für mich eine große Bedeutung haben im Leben. Erst wenn man aufschreibt, werden diese Punkte auch noch wichtiger und somit auch stärker, aber heutzutage lebt jeder für sich und jeder gegen jeden, früher war es besser denkt man, aber früher war ich auch noch ein Kind, unschuldig und hilflos, ich musste durch vieles alleine durch, somit fühle ich mich heute nicht mehr alleine, ich hab mich selbst. Ich habe manche meiner Wege durchsehen können, und manches weiß ich gar nicht wirklich, aber dann haben diese auch keine Bedeutung für mich, das Wichtigste ist, dass ich mir Zeit gelassen habe, um nachzudenken, wo bin ich, woher komme ich und wo will ich hin?

Diese 3 Formen brauche ich für alles im Leben, weil wenn man sich selber nicht gefunden hat, kann man keine Fehler korrigieren, oder die gleichen Fehler wiederholen ist irgendwann auch nicht mehr interessant, das Leben muss einen Sinn machen und ein Entwicklungsweg für einen sein. Es gibt Leute, die gehen einfach „Augen auf und durch", egal was mit den Mitmenschen ist, aber die können NIE weiter sein als diese, die sie geschupft haben. Mir müssen alleine groß werden, sagen sie uns, aber das geht wirklich nicht. Auf einer einsamen Insel ist man vielleicht alleine, aber nicht auf dem Land, nicht im normalen Leben. Wir sind für uns und mit uns für alle verantwortlich und wichtig auf eine Weise.

# Wurzeln

Kann man seine Wurzeln kennen, im Koran steht, dass ein Mensch unschuldig geboren wird und die Eltern die Pflicht haben, ihn zu erziehen, zu erlernen. Ich kann nicht sagen, dass ich meine Wurzeln kenne, ich schwebe in minimalen Erinnerungen und will das wenig Erlebte nicht vergessen, aber es ist kein Leben mehr, wenn man sich unter Verwandten nicht richtig kennt oder nur vom Sehen oder Hören, dass man verwandt ist. Man merkt auch bei den Familienanlässen, dass es Zeit braucht, bis man sich unterhaltet oder auch gar nicht. Meine Frage ist, gibt es noch (Familie), gibt es noch (Verwandte)? Ich bin immer in verschiedenen Welten geschwebt, so dass ich meine Familie einfach respektieren musste, aber nicht alles akzeptieren konnte. Es braucht sehr viel Zeit, auch darüber nachzudenken, wer man ist, was man alles erlebt hat und was aus einem geworden ist.

Ich fühlte mich von einer Realität unterdrückt, und viele Visionen wurden mir entwendet, viele Träume gingen verloren, nur um verloren in dem Kampf, nichts falsch zu machen, aber jeder Mensch hat das Recht so zu leben wie er will, oder jedes Kind muss erleben können, was es für real hält. Mit zwei Kulturen aufzuwachsen ist keine große Sache, wenn man es akzeptiert und sich auch damit auseinandersetzt. Ich fühlte mich ein wenig von meinen Mitmenschen missverstanden, weil ich ihre Realität nur nebelig mitbekam, es war oft schwierig, mitzureden, weil ich mich auch nie zuhause fühlte, ich verstand oft nicht und fühlte mich auch nicht angesprochen, wenn meine Eltern wütend auf mich waren, irgendwie wollten sie mich nie richtig sehen, wie ich wirklich bin.

Oft wurde ich mit der älteren Schwester verglichen, sie wollten nicht die Unterschiede sehen, sogar bei Zwillingen gibt es Unterschiede. Als sie dann aus dem Hause war, hatte ich das Gefühl, ein wenig Luft zu haben. Ich und meine Eltern kümmerten uns mehr um meine zwei Brüder, weil vorher war sie der Hauptpunkt für alles Schlechte. Nach der gescheiterten Lehrstelle und vielen Versuchen für neue Wege, sagte mir mein Vater, ich solle mal eine Arbeit ausüben und dann könne ich immer noch weiterschauen. Also ging ich als Reinigungsfachfrau für 6 Monate arbeiten. Dann, nach 6 Monaten, in denen ich auch nichts anderes hatte, dachte ich, es wäre vielleicht gar nicht so schlecht, um Geld für neue Wege zu sparen. Mit der Zeit machte mir auch die Arbeit Spaß, und so konnte ich für mich, für die Familie und auch fürs Sparen teilen. Ich dachte damals, sobald mein jüngerer Bruder aus der Schule kommt und eine Lehre anfängt, weil der ältere Bruder war schon in einer Lehre, kann ich dann ausziehen. Ich wollte eine Wohnung für mich kaufen, um mich selbst besser zu kennen und auch um herauszufinden, was ich wirklich will. Aber wie jede Vision, wie jeder Traum, ging auch dies nicht in Erfüllung.

**Mein Zitat dafür ist:**

Ich bin von Leuten umgeben, die versuchen zu verhindern, dass ICH ICH bin. Ich sag nur das und sogar auf Albanisch: „Lutjuni Allahut nëse nuk shihni rrugëdalje, sepse unë nuk jam rruga juaj." Deutsch: „Bete zu Allah, wenn du keinen Ausweg siehst, denn ich bin nicht dein Ausweg."


# Familie

Es war so erfreulich, zuhause zu sein, aber es gab auch viele bedrückende Momente, denn man ändert sich, jedes Jahr. Es brauchte seine Zeit, sich wieder zusammenzuraufen, und wenn man sich auf eine Ebene gebracht hat, ist die Zeit gekommen, wieder zu gehen.

Es ist nicht mehr wie in den 90ern, wo man sich gegenseitig geholfen hat, jetzt versucht wirklich jeder, sich nur für seine eigenen Interessen einzusetzen. Und das erste wahr natürlich die Haus-Putzerei. Es war das Haus der Großmutter, ein Haus mit speziellen Umbauten, da vorher im Erdgeschoß die Schafe waren, quasi ein Stall und im 1 Obergeschoß waren drei Schlafzimmer.

Als sie die Schafe verkauft haben, haben sie selber umgebaut. Im Erdgeschoss hatten sie aus zwei Zimmern ein großes Wohnzimmer gemacht mit Akkordeon-Flügel, die man zumachen konnte, und ein anderes Zimmer diente als Küche (Herd, Kühlschrank, Holzofen). Und es gab eine kleine Küchenvitrine der Großmutter, die sie als Schrank nutzte und wir dann als Küchenschrank. Es ist sehr traurig für mich, heute nach dem Abriss dieses Hauses, so gerne hätte ich diese Küchenvitrine noch erhalten gehabt, aber niemand hat mir diesen Wunsch erfüllt. In diesem Zimmer gab es auch einen „Hamam", so nannten wir das Duschzimmer, wo wir den Abwasch tätigten, und meine Großmutter duschte dort. Montags und donnerstags waren ihre Duschtage. Und der Donnerstag war auch Waschtag, früher als sie noch mit der Hand gewaschen haben.

Dann später wurde im 1. Obergeschoss in einem der Hamams die Waschmaschine gestellt, somit konnte meine Mutter täglich früh morgens waschen, so dass die Sonne die Kleider beim Trocknen auf dem Balkon nicht zerstört.

Dieses Zimmer gehörte meinem älteren Onkel und dessen Frau und es hieß auch „ODA XHETIT". Wir alle 4 Kinder schliefen dort, jeder hatte seine selbst gemachte Bodenmatratze, die wir „DÜSCHEK" nannten, die teils meine Großmutter und teils meine Mutter selbst gemacht hatten. Ein Schlafzimmer war für meine Eltern, das war komplett eingerichtet mit Bett, Schrank, Nachttischen, Kosmetiktisch mit Spiegel und noch einem Esstisch mit 4 Stühlen, die wir in der sogenannten Küche hatten. Dies alles brachte meine Mutter mit, als sie meinen Vater geheiratet hat, die sogenannte „Qeiz", die die Braut mitbringen muss, dies variiert auch je nach Absprache und Reichtum der Familien. Das dritte Zimmer im ersten Obergeschoss diente als Kleideraufbewahrung und als Gästezimmer, dort war auch der Hamam, wo wir geduscht haben.

Wir mussten das Wasser kochen, um heißes Wasser zu haben, dann mit kaltem Wasser mischen bis man die gewünschte Temperatur hatte. Dann duschten wir uns mit einer Tasse, die wir SAF nannten.

Die untere Diele nannten wir AJAT, und die obere Diele nannten wir QARDAK. Dort war auch der Tiefkühler.

Meine Mutter hatte in die obere Diele eine alte Schachtel vom Waschpulver als Abfallkorb gestellt und auch täglich geleert. Im Erdgeschoss gab es noch einen in der Toilette, der Küchenabfall wurde sofort nach draußen geleert. Dort durfte kein Abfall herumliegen. Nach dem Essen war das Abfalltrennen noch interessant, weil wir noch Essbares den Tieren gaben (KÜHE, PFERD, HUND UND HÜHNER). Wir mussten das ganze Haus reinigen (Fenster, Teppiche, Sofas und Vorhänge). Das Interessanteste war, die Teppiche draußen mit dem Schlauch zu waschen und natürlich mit dem Vollwaschmittel (Biljana). Meine Großmutter hatte gerne viele Pflanzen und Blumen, drinnen und draußen. Das Haus war so lebendig Durch Sie, aber nach ihrem Tod nicht mehr, es sah so leer aus und sehr kalt. Es brauchte eine längere Zeit lang, sich ohne sie zu gewöhnen. Ich meinte immer, sie würde ums Haus laufen, Sie wäre gar nicht tot, nur wir können sie nicht mehr sehen. Ich spürte mehrmals ihren Schatten.

Zu dieser sogenannten Qeiz gehörte auch ein sogenanntes ARK, eine Truhe, die vom Schreiner extra für die Braut angefertigt wird, mit einem Schlüssel, so dass die Braut dies als persönliche Truhe benutzen konnte, für ihre Trachtenkleider (Qaqka Katundi). Und oben auf der Truhe waren die selbstgemachten Düshek, = Selbstgemachten Matratzen, Decken, Duvets und die gehäkelten Leintücher. Die Verwandten brachten den QEIZ immer mit den Pferdekutschen begleitet durch Trommelmusik.

## Tätigkeiten in der Familie:

Meine Großmutter hatte alle Tätigkeiten aufgeteilt, so dass alle gleich viel mithelfen in der großen Familie. Die drei Töchter waren verheiratet und mussten nur für die Familie des Mannes da sein. Auf die drei Knaben und deren Frauen wurden die Arbeiten aufgeteilt. Jeweils eine Tätigkeit und dies änderte sich wöchentlich. 1. Haushalt, 2. Kochen, 3. Tiere, aber die eigenen Schlafzimmer und die eigene Wäsche mussten alle selber putzen und waschen. Jede hatte ihren Waschtag, für meine Mutter war dies der Donnerstag. Aber das Tollste war, dass wir Kinder zwar mithelfen durften, aber nicht zwingend wahr. Ok, ich war noch sehr klein, ich habe mehr zugeschaut, aber die älteren Kinder mussten schon mehr mithelfen, oder zum Beispiel auf jüngere Kinder aufpassen, wie mich …

## Religion:

Bei uns in Dollogozhda in Mazedonien, vor allem bei meiner Familie, war dies nicht so ein großes Thema, weil meine Großmutter der Meinung war, jeder lernt täglich etwas dazu. Und für meine Eltern waren die Gebote sehr wichtig, aber es ist so, jeder praktiziert seine Religion auf seine Weise. Aber hier in der Schweiz wurde ich oft mit dem Satz „aber du bist Moslem" angesprochen, ich sagte nur: „Ja und?" Jeder Mensch lebt, wie er will und das muss man akzeptieren, solang dies im vernünftigen Rahmen ist. Ich fühlte mich manchmal hier in der Schweiz mehr eingeschränkt als in Mazedonien. Der Respekt gegenüber unseren Mitmenschen ist nicht so vorhanden in der Schweiz, obwohl die Schweiz 100 Nationen aufnimmt. Aber zum Glück gibt es dies überall, dies kann man nicht ändern.

## Artime mit 5 Jahren:

Und als wir nach Mazedonien zurückgekommen sind, hatte die Schule schon begonnen. Ich sollte in den Kindergarten (Fëshnjore). Meine Cousine brachte mich hin, aber die Kindergartenlehrerin wahr gar nicht erfreut über mich und hat mich nicht freundlich empfangen. Ich blieb stehen, meine Cousine ist gegangen, und die Kindergartenlehrerin sagte zu mir mit einem gehässigen Ton: „Für dich gibt es keinen

Stuhl hier." Nach der Pause bin ich dann sofort nachhause gegangen, meine Cousine fragte mich erstaunt: „Warum bist du hier, du musst in den Kindergarten gehen, zur Schule." Ich sagte wütend: „Ne, ich gehe nicht, die hat gesagt, es gibt kein Stuhl für dich."

„Doch, es gibt ein Stuhl für dich, es gibt für alle Kinder Stühle", sagte sie, „sonst reden wir mit dem Direktor." Ich sagte: „Nein, ich gehe nicht." Dann sagte sie: „In Ordnung, dann gehen wir morgen wieder, aber ab morgen musst du immer gehen."

Ich freute mich und ging zu meiner Großmutter.

Am nächsten Morgen, als meine Cousine mich in den Kindergarten brachte, wollte die Kindergartenlehrerin noch freundlich sein, aber der Zug war abgefahren, die andere Kindergartenlehrerin brachte mir meinen Stuhl und sagte zu mir: „Du bist bei uns schon registriert, aber wir wussten nicht, wann du kommst."

Ich war so froh, dass es doch noch einen Platz für mich gab. Ich freute mich über alles, was wir machten, vor allem die Gedichte aufsagen und das Singen. Ich war eine sehr gute Schülerin (Shkëlqyeshëm).

In der ersten Klasse hatten wir einen Lehrer, ich lernte fleißig Albanisch und Mazedonisch, aber ich hatte auch sehr viel Hilfe von meiner Cousine und meinem Cousin. Ich hatte nicht viel Hunger zuhause, meine Großmutter gab mir ständig Geld, mit dem ich etwas kaufen sollte. Sie meinte einen Bürek oder Brötchen, aber ich schlich mich in eine Billiard Bar und bekam dort immer Hamburger, bis der Aufruf in der Schule kam, für 100 Dinar pro Monat ein Mittagessen zu bekommen.

Meine Großmutter und meine Mutter waren erleichtert, weil ich in der Schule plötzlich immer gegessen habe und nicht nach Lust und Laune, und für meine Großmutter war es billiger, 100 Dinar monatlich als 100 Dinar täglich auszugeben.

In der zweiten Klasse sagte mein Vater, dass er uns in die Schweiz nehmen will mit Papieren, ich war glücklich dort, aber war auch stolz, in die Schweiz zu dürfen.

Als wir in der Schweiz kamen, war es sehr kalt. Mein Vater hatte eine andere Wohnung genommen, auch in Langenthal, aber in einem anderen Stadtteil, nicht mehr im Zentrum. Wir mussten zur Schule, waren nicht gewohnt früh aufzustehen, weil in Mazedonien die Unterstufe, Kindergarten bis zur vierten Klasse, erst am Nachmittag Schule hat und die Oberstufe fünfte bis achte Klasse morgens bis Mittag. Aber der Vorteil war, dass wir auf eine geheizte und sehr moderne Schule trafen, wir bekamen viele Schulsachen und zum Teil kauften wir auch, was wir benötigten.

Ich kam in die zweite Klasse und meine Schwester in die vierte Klasse. Es war auch sehr interessant, eine neue Sprache zu lernen, jedes Mal beim Mittagstisch sagten wir neue Wörter. In der dritten Klasse, als wir in den Sommerferien waren, hat mein Vater uns nicht mehr in die Schweiz mitgenommen, er überlegte auch, nicht mehr hinzugehen, und sagte der Großmutter: „Die entwickeln sich dort anders", obwohl ich keinen Unterschied sah. Meine Großmutter meinte, dass wir die Religion vergessen und gar nicht richtig erlernen können. Daher ging meine Schwester auch zur Moscheeschule, aber mich konnte sie nicht dafür überzeugen, und sie sagte auch zu mir: „Bei dir habe ich ein wenig Angst, meine Tochter, du gehst deinen eigenen Weg und willst gar nicht über unsere Religion etwas lernen." Eines Tages merkte sie, wie ich es meine, aber etwas trennte uns, das ich ihr nicht erklären konnte.

Warum ich so bin und warum ich anders denke ... jetzt hier kann ich es sagen. Jedes Mal, wenn sie etwas von unserer Religion erzählte, wusste ich neuere Versionen, wenn etwas nicht mehr richtig so war, lachte ich: „Hahaha ..." Und wenn etwas richtig war, sagte ich: „Ja, das ist richtig." Das passiert mir in mehreren Orten so, als würde ich die neuen Versionen anderswo schreiben und lesen.

Wir blieben dort ein Jahr lang, ich war dann in der vierten Klasse und als mein Vater in den Sommerferien gekommen ist, hat er der Großmutter gesagt, er muss uns mitnehmen, entweder in Mazedonien oder wieder in die schweiz. Die Gemeinde (das Migrationsamt) sagte, dass die Bewilligungen gelöscht werden, wenn wir nicht mehr kommen, es war nicht einfach für meinen Vater, das ist keine leichte Entscheidung. Aber ich wusste nicht, dass meine Mutter und meine Schwester schon mit dem Vater darüber geredet haben, weil er hat die Wohnung aufgegeben und wollte auch zurück, weil die Firma, wo er als Bauarbeiter gearbeitet hatte, war in Konkurs, und es wäre besser gewesen, mit dem zufrieden zu sein, was man hat, weil dann wurde es für uns nicht einfach. Wir sind wieder nach Rütschelen gekommen, ich in die vierte Klasse, meine Schwester in die sechste Klasse. Mein Vater hat dort eine billigere Wohnung gefunden und hatte mit einem Bekannten einen Lebensmittelladen eröffnet.

Er hat so vielen Leuten geholfen, Arbeit zu finden, aber für meinen Vater war es schwieriger, man sah ihn als Konkurrenten, weil er ein sehr guter Arbeiter war. Dann wird auch meine Mutter nochmal schwanger, das vierte Kind jubelt schon, aber ich glaube, egal wo man ist, jeder muss seine Herausforderungen angehen im Leben. Das war für meinen Vater damals, eine große Herausforderung: Die Wohnung eingerichtet, Job weg, neuen Job angenommen, Frau schwanger. Nach sechs Monaten mussten wir noch die Wohnung verlassen, weil die Besitzerin das Haus für sich haben musste. Schnell vor den Ferien sind wir noch nach Roggwil umgezogen. Wir mussten unbedingt in den Ferien die Großmutter besuchen und die Mutter mitnehmen, weil sie früher in die Ferien gegangen ist wegen der Großmutter, als hätte die

Großmutter keine Leute dort. Stress pur, es musste alles sein, und es ging irgendwie alles, besser als heute. Als wir dann in Roggwil angekommen sind, bin ich in die fünfte Klasse gekommen, meine Schwester war in der siebenten Klasse und mein kleiner Bruder in den Kindergarten. Wir wussten nicht, was es wird mit dem vierten Kind. Als wir am Freitagmorgen aufwachten, sagte unsere Verwandte: „Ihr habt einen Bruder." Wir waren sehr erstaunt, wir haben nichts gemerkt.

Wir haben nichts gemerkt, eine Verwandte von uns hat bei uns übernachtet, zur Sicherheit für meine Mutter, weil mein Vater für ein paar Tage wegmusste und sie gebar meinen kleinen Bruder im Wohnzimmer. Wir hatten alle drei einen himmlischen Schlaf. Sie hat gesagt, die Hebamme sei informiert, es ist alles gut gegangen, ihr könnt normal zur Schule gehen. Den Namen wussten wir schon, wenn es ein Junge wird. Aber die Wohnung war nicht so geeignet für uns, es war billig, aber das Öl für die Heizung mussten wir selber bezahlen und es war kalt, die Schule war sehr weit, daher sagte meine Mutter, ich komme nicht mehr hierher nach den Sommerferien.

Wir hatten Glück, die Wohnung in Langenthal, wo wir 1992 einmal wohnten, war wieder frei, und wir konnten sie wieder haben, also nochmal vor den Ferien schnell umgezogen und ab nach Mazedonien. Mein Vater musste jedes Mal der Familie beim Mähen helfen, natürlich mit Mähdrescher, also es waren eigentlich keine Ferien, sondern nachhause kommen, eine andere Herausforderung annehmen, den Verwandten Schokolade und Kaffee aus der Schweiz bringen, das A und O bei uns, und das wars, einfach Leben. Wir bemühten uns so sehr, aber hatten wenig und andere machten nichts und hatten alles, so ungerecht ist die Welt.
Aber mein Vater sagte immer: „Lieber wenig, dafür ehrlich."

Milchschokolade
Chocolat au lait
Cioccolato al latte

Jedes Jahr war eigentlich eine Herausforderung und eine Inspiration, wir fuhren mit dem Auto einmal durch Österreich,
einmal durch Italien links, dann geradeaus, einmal durch Italien geradeaus mit dem Schiff nach Albanien. Jedes Jahr war
etwas Neues zu entdecken, neue Industrien, neue Straßen,
kürzere Wege, neue Tankstellen, neue Hotels, neue Autos,
die das Transitreisen leichter machten, aber es kommen immer neue Herausforderungen dazu, immer neue Straßenge-
bühren, immer neue Grenzregeln, über die man sich vorher
informieren musste. Für alle Länder, die man fährt, z. B. Visa
beantragen und dann der Euro, immer Euro wechseln oder
eine Gebührenkarte kaufen usw.

Dafür eine Lösung zu finden, tut keiner. Jeder will Geld ver-
dienen, also das Verirren der Straßen ist in allen Ländern
teuer, denn jede Straße hat eine andere Gebühr. Sogar einmal in Italien hatte sich mein Vater verfahren, der Carabinieri hatte keine Freude, „cosa ci fai qui, sei in transito", mein

Vater entschuldigte sich, „scusa cerco il porto di otranto", er sagte: „Devi trovarlo da solo, la prossima volta dovrò pagarti." Wir fuhren hoch, und er musste schnell handeln, dass wir nicht zurückfahren mussten wir hatten Glück und er fand den Hafen.

Einmal hatten wir kein Visum beantragt und sind trotzdem losgefahren mit zwei Bekannten durch Österreich. Ne … ne …, die Österreicher hatten gar keine Freude und waren auch nicht kooperativ, Stempel drauf und zurück bitte … Die zwei Bekannten mussten durch Österreich, weil sie für diesen Weg ein Visum hatten, wir verabschiedeten uns und sind dann von Bregenz bis nach Como gefahren, und dort war der Carabinieri kooperativ und sagte: „Ok, vedo che non hai il visto, sei stato rifiutato e vuoi ancora andarci." Mein Vater sagte: „Si non ho avuto tempo per richiedere il visto." Er sagte: „Ok, ok perché hai figli ma quando torni devi avere il visto, buon viaggio." Wir fuhren bis Brindisi, dann mit dem Schiff nach Albanien, sind dann zuhause angelangt. Mein Vater war schon mit dem Mähdrescher unterwegs, und erst abends sieht er die zwei Bekannten, die durch Österreich gegangen sind, ankommen. Sie sagten, sie seien stundenlang um Wien gefahren und hatten nicht nach Slowenien rausfahren können …

Einmal sind wir mit meinem Cousin über Ungarn gefahren, da mussten wir über München fahren, und wie verlockend ist Deutschland, wir sind angehalten worden, erstens wegen zu schnellem Fahren, zweitens hatten wir den Fahrzeugpapiere zuhause vergessen. Sie konnten elektronisch in der Schweiz die Daten holen und sagten zu meinem Vater: „Sie müssen eigentlich auf die Kinder schauen und nicht umgekehrt." Ich glaube, er sagte zu uns: „Ihr müsst auf ihn schauen." Wir sagten dann: „Siehst du, du musst manchmal auch auf uns hören."

Es war das zweite Mal, dass wir dort durchfuhren, einmal waren wir unterwegs, als der Krieg im ehemaligen Jugoslawien war, ich hatte mir das Fußgelenk verstaucht, hatte Schmerzen. Die hatten kein Mitleid, ein Polizist kam, um nachzusehen, mein Vater sagte mir, ich solle weinen, und in dem Moment konnte ich nicht. Der Polizist nahm mich gesund wahr und sagte,: „Alle müssen warten, es gibt Leute hier, denen geht es schlimmer und sonst haben wir auch ein Militärspital hier." Wir mussten sehr lange warten, es gab keine Tankstellen. Einmal sind wir sogar auch während der Kriegszeiten gefahren, den direkten Weg, dies heißt: Italien, Slowenien, Kroatien, Serbien bis nach Mazedonien. Wir mussten eine Zeit lang hinter einem Panzer mit dem Auto stehen und ruhig bleiben, bis wir weiterfahren konnten. Dann, noch jahrelang nach dem Krieg verlangten die Soldaten der Nato ständig Zigaretten. In Kroatien musste man aufpassen, Serbien zu erwähnen. Wenn es in Kroatien keinen Stau gab, gab es einen in Serbien, und wenn es in Serbien keinen Stau gab, gab es einen in Mazedonien.

Früher waren die Abstände zwischen den Raststätten größer und nur zum Tanken, es gab keine Verpflegung, also mussten wir noch etwas Verpflegung dabei haben. Einmal hatten wir kalten Kaffee in Becher, und wenn man einen Button gedrückt hatte, öffnete sich ein Deckel und es gab warmen Espresso, damit hatte man immer warmen Kaffee. Das Einpacken der Kleider und der Sachen, die wir mitnahmen, war auch immer eine Arbeit, und wie verstaue ich alles im Auto, so dass es nicht stört. Mit vier Kindern wird es schon eng, aber es ging immer alles reibungslos, (wir nahmen das Nötigste und das Wichtigste), die Freude war immer zu groß, um zu jammern.

DOGANA
DOUANE

## Artime mit 3 Jahren:

Als ich drei Jahre alt war, wusste ich, wer meine Mutter war, aber nicht, wer mein Vater war. Ich glaube, dass das die erste Erinnerung von mir als Kind war. Mein Vater war damals in der Schweiz. In den Winterferien sind mein Onkel aus Deutschland und mein Vater aus der Schweiz gekommen. Wir saßen am Boden, am sogenannten albanischen Esstisch (Sofra) und aßen Abendessen. Ich sah meinen Onkel aus Deutschland und konnte sein Gesicht erkennen, ich sah meinen Onkel, der zu Hause war, ich konnte sein Gesicht auch erkennen, aber ich wollte meinen Vater sehen, ich wollte wissen, wie mein Vater aussieht, aber konnte kein Gesicht erkennen, ich starrte ihn an, (ich sah mehrere Gesichter), und er wurde wütend und fragte, was los sei? Ich bin erschrocken und schämte mich auch, aber ich weiß nicht mehr, warum ich nicht mehr in seiner Nähe sein wollte, ging immer zu meinen beiden Onkeln.

Ich sagte sogar meinem großen Onkel, er soll mich nach Deutschland mitnehmen, er erklärte mir, dass es nicht möglich sei, ich sagte sogar, dass ich im Koffer Platz habe, das gehe schon. Alle lachten, aber er hatte mir immer geantwortet, alle haben mir immer geantwortet, nur mein Vater nicht. Ich bekam ein Angstgefühl, als wäre er fremd, aber weil ich so viele nette Verwandte hatte, vor allem meinen beiden Onkeln, ging diese Angst weg. Als mein Vater in den Sommerferien gekommen ist, meinte er, warum hat dieses Mädchen Angst? Ich werde ihr die Angst nehmen. Er ging mit mir und meiner älteren Cousine an den See, um zu sehen, ob ich vor dem Wasser Angst habe, ich fühlte mich so, als wollte er, dass ich Angst vor dem Wasser habe. Wir gingen wieder nach Hause und ich war froh, dass wir alle zusammen waren. Es gab keine Elternnähe, Elternwärme, wie ich die Nähe und Wärme von meinen Onkeln und Tanten bekam. Großmutter bemühte sich sehr, dass wir eine friedliche Familie bleiben.

Als meine Mutter, ich und mein fünf Jahre jüngerer Bruder –, meine zwei Jahre ältere Schwester ist bei meinem Onkel geblieben – das erste Mal in der Schweiz (Langenthal) kamen (1989) zu Besuch, hatte ich ein Gefühl, als wäre ich zuhause, wir waren im dritten Stock und eine damals mir noch unbekannte Albanerin mit ihrem Mann, sie hatten keine Kinder, waren im Erdgeschoss. Wir sind am Nachmittag nach draußen auf den Rasen gegangen, meine Mutter und sie erledigten Handarbeiten, gleichzeitig auch die Kleiderwäsche und ich durfte bei ihr fernsehen (The Love Boat). Mit dieser Serie konnte ich Deutsch lernen. Eines Tages merkte ich in mir eine Stimme, die mit mir auf Deutsch redete, ich soll keine Angst haben und es ist gut, dass ich hier fernsehe, aber ich solle liegen, um meinen Körper zu schonen.

Das Erstaunliche war, dass ich keine Angst hatte, sondern ich spürte wie eine Mutterliebe und ich verstand sie auch, was sie sagte, obwohl ich kaum Deutsch konnte. Ich konnte mir dies nicht erklären, wie es möglich sei, darum sagte ich auch nichts. Ich schlich mich immer raus, ging in den Supermarkt und schaute mich um wie in einem Museum. Manchmal nahm ich eine Depotflasche, um mit dem Depotgeld Schokolade (Lola) kaufen zu können.

Am Freitag ist mein Vater immer früher nachhause von der Arbeit gekommen, und wir sind immer einkaufen gegangen, daher wusste ich von den Depotflaschen, wie es geht. Am Sonntag sind wir immer spazieren gegangen, das albanische Ehepaar ohne Kinder, kam auch mit.

Einmal bei einem Spaziergang hatte ich ein rotes Kissen beim Sperrmüll entdeckt und wollte es unbedingt haben. Meine Mutter hat dann die Blümchen weggemacht und es gewaschen, dies brauchte ich jahrelang beim Einschlafen. Ich bin ständig auch zu ihnen gegangen, einmal waren sie an einem Sonntag weg, ich wartete am Fenster, ich war wütend, weil sie mich nicht mitgenommen haben. Eines

Tages haben sie ihr Versprechen eingehalten, wir sind mit dem Zug zu ihren Verwandten gefahren, ich spielte dort mit deren Kindern, und es war so ein schöner Tag für mich, wir liefen Hand in Hand wie eine Familie. Das zweite Mal, als meine Mutter mit meinem kleinen Bruder auf Besuch in die Schweiz kam, sind ich und meine Schwester bei meinem Onkel geblieben.

Das dritte Mal kamen wir alle zu Besuch in die Schweiz und im Erdgeschoss lebte ein Cousin meines Großvaters, er hatte auch seine Familie zu dem Besuch genommen. Sein Sohn fragte mich, was man hier so machen kann. Ich habe gesagt, dass wir nur mit dem Vater einkaufen gehen, spazieren gehen und in den Tierpark zum Spielen, weil dort draußen durften wir nicht viel, weil es keinen richtigen Spielplatz gab. Wir redeten über Schokolade und sind dann zum Denner gegangen, um Schokolade zu kaufen.

## Artime mit fast 3 Jahren

Die Zeit im Alter von drei bis sechs Jahren war für mich ein wenig irritierend, ich fühlte mich größer als die Erde, ich konnte meine Beine größer machen und war groß bis ins Universum, konnte hingehen, wo ich wollte, ein Fuß war in Mazedonien und der andere in der Schweiz. Ich musste mich entscheiden, wo ich leben sollte, aber bin um die ganze Erde gehüpft, ich weiß nicht, was es war, ein Traum, eine Vision oder die Wahrheit, aber es gefiel mir nicht immer, weil danach hatte ich nicht viel Energie und musste viel liegen. Kopfschmerzen und Bauchschmerzen waren auch störende Begleiter, daher war ich immer schwach, wenn mich jemand in der Realität brauchte, denn das andere ist keine normale Realität. Ich musste liegen, um zu sehen, was mit mir passiert. Eines Tages spielte ich draußen mit dem Wasserhahn, ich drehte mich, um zu trinken, weil ich viel Durst hatte, plötzlich kam meine große Schwester hinter mir her und sagte mir wütend: „Hier spiele ich, das ist mein Platz und ich gehöre hier her" Ich drehte mich um und sah sie als Monster, nicht als normalen Menschen, und so ist sie für mich bis heute.

Es gab immer öfter Situationen, in denen sie mich als Lügnerin darstellte, und sie war sozusagen die Prinzessin meiner Eltern. Sie hatte immer Recht, nur weil sie 18 Monate älter war als ich. Sie stahl oft meine Realität, Großmutter und auch alle anderen versuchten sie von mir fernzuhalten. Und bis heute ist es auch nicht besser mit ihr und damit habe ich mich abgefunden.

Einmal war es mir so schlecht, ich konnte nichts essen, nichts trinken, meine Großmutter meinte, wie immer, wenn sie mir Geld gibt, geht es besser, also gab sie mir 100 Dinar. Ich ging dann einen Burek kaufen und wartete im Laden, aber durch die Gerüche wurde es mir schlecht und ich musste erbrechen, danach bin ich bewusstlos geworden, die haben mich dann nachhause gefahren. Sie sagten zu meiner Großmutter, sie könnten mich auch zu einem Arzt fahren, aber sie wollten nicht über ein fremdes Kind selbst entscheiden. Aber ich sagte zu meiner Großmutter, nein bitte kein Arzt, ich schlafe jetzt, dann geht es besser, meine Großmutter bedankte sich bei den Männern und ging mit mir rein.

Ich legte mich hin und schlief, sie saß neben mir und betete. Es hat sich über das ganze Dorf verbreitet (Ajo couca që u zdru ke Bürektorja), und als ich 12 Jahre alt war, beim Aushelfen im Lebensmittelladen, wo mein Vater arbeitete, kamen zwei junge Männer, die warteten, um abgeholt zu werden. Und der eine, 17 Jahre alt, den Namen weiß ich nicht mehr, er sagte, er komme aus Deutschland und will seinen Onkel in Olten besuchen. Er versuchte, mit mir zu reden, aber für mich war dies gar nicht witzig. Es läuft ein Lied im Hintergrund (Te daja Selim), er sagte, dass sein Onkel auch Selim heißt, und als er Brot schneidet, sagte er: „Oh, ich muss aufpassen, dass ich mich nicht schneide, sonst macht sich meine Mutter Sorgen um mich, wenn ich mich geschnitten habe, … hahaha …" Und als die anderen zwei Männer gekommen sind, um die zwei abzuholen, schauten sie sich um, und dann sagte der eine: „Sag mal, bist du nicht Ajo couca që u zdru ke Bürektorja në Dollogozhd."

Ich musste lachen und fragte: „Woher weißt du das?" „Ich habe dich nachhause gefahren, du bist doch die Tochter von dem Neki aus Dollogozhda, oder?" Ich sagte: „Doch, aber ich erkenne dich nicht mehr, es tut mir leid." Er fragte mich nach meiner Gesundheit und sagte, er sei froh, dass es mir gut geht.

## POUM = Ein Bergdorf in Mazedonien

Ich bin als Kind oft bei der Familie meiner Mutter gewesen, sie hat in einem Dorf (POUM) in den Bergen gelebt. Ein altes Haus mit Scheune dahinter, vier Zimmer hatte dieses Haus. Im Erdgeschoss wohnten der Cousin von meiner Mutter, weil er im Rollstuhl war, er hatte einen Traktorunfall, und noch seine Frau mit vier Kindern, drei Mädchen und einem Buben. Oben wohnten die Großeltern, der Onkel mit der Frau und deren damals drei Mädchen, inzwischen haben sie sechs Kinder vier Mädchen und zwei Knaben.

Als wir noch in Mazedonien gelebt haben, sind wir oft an den Wochenenden dorthin gegangen, das hieß, am Freitag hochlaufen und am Sonntag runterlaufen. Und dann, als wir in der Schweiz gelebt haben, sind wir nur in den Sommerferien dorthin gefahren. Wenn wir zu Besuch dort waren, habe immer so getan, als würde ich schlafen, um dort übernachten zu können. Und auch jedes Mal, wenn es eine Möglichkeit gab, dorthin zu gehen, war ich die Erste. Dort oben konnte man wirklich ausschalten, kein Verkehr, kein Lärm, nur Tiere und die Natur, und natürlich liebe Menschen, wir spielten draußen, bis es dunkel wurde.

Manchmal mussten wir auch die Kühe auf andere Felder bringen zum Füttern und Hüten, wir spielten dort den ganzen Tag, das hieß Frühstück essen, Verpflegung mitnehmen und ab mit den Kühen. Und als wir am späteren Nachmittag nachhause kamen, waren wir so müde, aber nach dem Duschen und Abendessen nicht mehr, wir blieben immer bis spät abends wach. Die langen Tage und die langen Nächte waren für mich nie langweilig dort oben.

Es wäre für mich jetzt interessant, noch einmal dort oben Ferien zu verbringen. Mein Großvater hatte in Österreich gearbeitet, aber nach einer Lähmung an der linken Seite, ist er ins Heimatland zurückgewiesen worden. Er trug immer gerne Anzug, aber ohne Krawatte und mit einem Hut natürlich, manchmal ist er mit dem Stock und einer Hilfe rausgegangen, meine Großmutter pflegte ihn sieben Jahre lang ganz alleine, er machte ständig Witze und verlangte gerne einen Becher Wasser zum Trinken, und ließ immer ein wenig Wasser noch im Becher, um uns nass zu machen.

Wenn wir fernschauten, sagte er uns immer: „Geht raus, was macht ihr hier, oh, wenn ich könnte, würde ich sofort raus springen!" Und wenn wir zu laut wurden, sagte er immer: „So, jetzt ist es aber genug, ihr seid hier nicht in den Bergen." Das Haus stand neben einem großen Berg in den Bergen und wir mussten immer lachen, weil er es nie bösartig gesagt hat, und auch, wenn er manchmal so getan hat, als wäre er sauer, mussten wir trotzdem lachen. Die Lösung war, nur raus aus dem Zimmer …
Aber nach seinem Tod war das Zimmer so leer und kalt, wir vermissten ihn und erzählten seine Streiche, die er ständig versuchte, wie er seinen Hut mit dem Stock anzieht und wie

er uns auch mit dem Stock einen Stups gegeben hat und sagte: „Na komm, ich bin auch stark …" Das Lachen mit ihm und wegen ihm habe ich bis heute nicht vergessen, obwohl ich klein war, als er gestorben ist. Meine Mutter war in der Schweiz, nur ich und meine Schwester waren dort.

Meine Großmutter kümmerte sich um die Tiere. Sie hatte immer vier bis fünf Kälber großgezogen zum Verkaufen oder Schlachten, aber vor allem wegen der guten Milch, die sie immer frisch hatte. Sie machte auch noch viel Käse, Quark, Joghurt. Sie wachte immer um 05.00 Uhr morgens ohne Wecker auf, machte das Feuer, danach melkte und fütterte sie die Kühe.

## Realität oder Blödsinn:

Es gibt immer noch sogenannte „stressjankis" in meinem Leben, Menschen, die versuchen, mein Leben und mich durcheinander zu bringen. Ich muss mich immer durchschlagen, mich beweisen und manchmal auch aufgeben, daher habe ich keinen Respekt gegenüber vielen Menschen. Ich hatte in dieser Wohnung am Anfang wirklich die Ruhe gefunden, die ich brauchte, daher gefällt es mir auch, hier zu wohnen. Es gibt keine Verpflichtungen, und da heutzutage vieles per Online-Shopping erhältlich ist, ist es für mich hier eine Möglichkeit, mich wieder aufzubauen und trotz des Dorflebens auf dem Laufenden zu sein. Es ist eine Gruppe Menschen, die ich teils mit Namen nennen könnte, die mich virtuell stören: Ein Albaner kommt am Montag, ein Schweizer kommt am Dienstag, am Mittwoch kommt wieder der Albaner mit der Mutter, am Donnerstag kommt jemand zum Putzen, sie ist Slavin, und am Abend kommt eine Albanerin, die etwas mit Teig backen muss für einen Mann, am Freitag kommt eine Albanerin, die immer das Bad putzen muss, obwohl ich es schon am Donnerstag geputzt habe, oder es lieber am Samstag putzen will, weil mein Sohn noch nach dem Sport duschen muss.

Am Samstag kommt die Donnerstags-Albanerin, die muss Omeletten machen, obwohl wir ausschlafen möchten, und am Sonntag will jemand groß kochen, obwohl unser Magen sich auch einmal schonen muss und so weiter. Ich bin dabei, ein Buch darüber zu schreiben. Es sind Menschen aus einer Alters – und Hinterlassenen Vorsorge und die Invalidenvorsorge, die mich brauchen, die sich bei mir verstecken können, aber dadurch rauben sie mir meine Gesundheit, meine Arbeit, meine Freiheit und mein Geld.

Ich bin eine selbstständige, alleinerziehende Frau, ich habe die Wohnung nicht untervermietet, sie ist nicht mein Eigentum, aber ich zahle die Miete und die Nebenkosten, um frei zu leben und nicht jeweilige Sorgen zu hören oder zu tragen. Ich habe keinen Respekt vor den Menschen, für die Menschen. Manchmal wünsche ich mir, ich wäre blind und taub gleichzeitig.

## Faul oder Energie:

Ich bin nicht faul, ich bin im Energiesparmodus. Aber es funktioniert nicht immer, meistens ordne ich meine Gedanken und plane die Woche durch, oder stelle meine Deko um, pflanze etwas um, usw.

Das heißt, ich kann mich nie als arbeitslos bezeichnen, weil ich ständig etwas zu tun habe und auch dabei ständig gewillt bin, Neues zu entdecken.

Die Erholungspause gehört natürlich dazu. Manchmal sehe ich Schreiben als Erholung, manchmal werde ich müde und mein Kopf tut weh, dann muss ich eine Zeitlang aufhören zu

schreiben. Aber wenn mir vieles in den Sinn kommt und ich
drauflos schreiben kann, ist das so ein gutes und befreiendes Gefühl. Wie beim Bergsteigen oder Wandern, das ist
auch ein befreiendes Gefühl, das ich immer wieder gerne
erlebe, um dabei die Natur- und Landschaftsveränderun-
gen zu betrachten.

## Gesund leben:

Es gibt doch dieses Sprichwort: „Morgens wie ein Kaiser,
mittags wie ein König, abends wie ein Bettler", sagt Char-
ly Steigenberger.
Unmöglich, dies mit jedem Einkommen nachzumachen, denkt
man, aber es ist in jeder Lage möglich, gesund und bewusst
zu essen und sich zu pflegen.

## Artime von 14 bis 18 Jahren

Ich hatte in diesen Jahren, oft mühe mit meinem Körper, nämlich wurde ich sehr schnell müde und konnte mich nicht gerade halten, (Gleichgewichtsstörungen) meine rechte Seite wuchs schneller als die linke Seite, vor allem meine rechte Brust und es drückte irgendwie meine Lungen, so dass ich nicht richtig Atmen konnte. Ich war zu meinem Frauenarzt, der fand nichts bestimmtes und dachte es sind die Hormone und die Pubertät, da warten wir noch paar Jahre für Veränderungen, aber Medikamente dafür und Erklärungen dafür gibt es keine, die rechte Seite hat mehr kraft als die linke Seite.

Ich war jährlich zu meinem Frauenarzt aber es gab keine Veränderungen, die rechte Brust wurde immer grösser, die linke wahr immer Optimal, es wurde mühsamer zum Anziehen ich habe immer Sport-BH angezogen, natürlich mit der Größe der Rechten Brust und dann immer noch ein Unter-T-schirrt so dass es kaschierte, aber ich fühlte mich nicht wohl, wie zerdrückt, aber versuchte die Coole zu bleiben. Dann als ich endlich 18jahre alt war, konnte ich mich operieren lassen. Man konnte die rechte Brust verkleinern. Ich hatte Rechts 85C und links 75B, dann nach der OP konnte ich endlich nur die Größe 80B anziehen, natürlich dann meine Lieblingsmarke mit Spitze, nämlich (Passionata), ich war so erleichtert, so Glücklich, fühlte mich wie neu geboren.

Ich musste immer die klebende verbände auswechseln, ich lag vor dem Spiegel, weil ich es auch schön kleben wollte, musste dann denn BH nicht abziehen, nach einem Monat ging ich zur Nachkontrolle, der Plastikchirurg sagte es sei alles gut verheilt, zog die restlichen Fäden weg und sagte dann, ich soll keinen Klebeverband drauf tun, aber sauber und trocken halten.

Ich habe auch 2 verschiedene Ohren, also mein rechtes Ohr sieht nicht gleich aus wie mein linkes Ohr, aber ich hatte NIE Ohrenschmerzen oder dergleichen etwas NIE.
Und ich kann mich nicht besinnen seit wann mein Ohr anders ist. Es war NIE ein Thema für mich.

## Eltern:

Man sagt ein Sprichwort, dass, wenn man keine Mutter hat, man verwaist ist, und wenn man keinen Vater hat, ist man arm. Bei mir ist es so, dass ich mit der Mutter blind werde und mit dem Vater schwerhörig, was machen wir jetzt? Wir leben lieber alleine. Wenn ich für meine Eltern nichts wert bin, brauche ich sie auch nicht. Oder?

## Die Welt:

Die Welt will Veränderungen, die Welt will sich bewegen, aber jemand muss aufgeben, jemand muss den ersten Schritt machen und sagen: „So, ab jetzt läuft es anders." Wir sind auf uns alle angewiesen, es fängt bei uns selbst an und geht bis zum Universum. Wir sind einer netten und ehrlichen Verkäuferin dankbar, wir sind einer Bankberaterin dankbar, wir sind dem Postboten dankbar. Wir sind einer Kellnerin dankbar, den Lehrern, die unsere Kinder miterziehen auf eine andere Weise. Weil ich sehe meinen Sohn nicht dabei, wie er das Neue aufnimmt, die erste Unterstützung ist bei den Lehrern. Wir sind auf allen Mitmenschen dankbar für die Ehrlichkeit, für die Treue ihrer Arbeit. Es ist nicht so, dass wir angewiesen sind auf die, es ist nicht ein Anliegen, wie zu einem Arzt zu gehen, es sind ihre Dienste, für die wir dankbar sind.

Stellen Sie sich mal vor, Sie gehen zum Arzt und sagen dem, ich habe Krebs. Unmöglich, Sie können Ihre Beschwerden schildern, so dass der Arzt sich ein Bild machen kann, was Ihre Beschwerden sind und was er untersuchen muss. Egal, welche digitale Welt kommt, ich sehe in der Digitalisierung genauso viel Arbeit wie immer. Der Mensch muss Mensch bleiben, das ist die Hauptsache, sich selbst nicht zu verlieren.

## Kurzes Zitat:

„Keine Tätigkeit auf der Welt ist eine Unterforderung, jede Tätigkeit an sich hat ihre Eigenschaften."

## Reisen:

Wie ich schon gesagt habe, waren die Reisen nach Mazedonien immer eine Herausforderung und eine große Inspiration. Einmal, als wir mit dem Schiff von Italien nach Griechenland (Igoumenitsa) gefahren sind, mussten wir, die Passagiere, vor dem Schiff warten, bis alle mit den Autos rausfahren konnten. Neben uns war eine türkische Familie, die Frau hob die Flasche hoch und trank drauflos, ihr Sohn rief hysterisch: „Ane, Ane, ich habe auch Durst!" Ich verstand ihn, und wütend sagte ich zu ihr auf Deutsch: „Gib doch ihm auch etwas zum Trinken."
Sie fragte mich auf Türkisch: „Bilersen Türkçe?"
Ich verstand sie und antwortete: „Yok, ne bilersen Türkçe."
Sie hörte nicht auf, zu reden („türkçe bilmiyorsan neden cevap veriyorsun") … Ich verstand nur das, aber auch nicht alles. Meine Mutter sagte mir: „Lass sie, du darfst dich nicht einmischen." Und ich so: „Aber wie kann eine Mutter nur an

sich denken. Sie hätte ja dem Kleinen zuerst etwas zum Trinken geben sollen, dann sich, oder?" Wir fuhren nach Mazedonien, mein Vater sagte: „So, jetzt wird's ruhig auf den Straßen, hier sind nur Berge bis nach Hause, und die Türken gehen in die andere Richtung somit sollte kein Stau auf der Grenze sein." Wir genossen die Landschaften, aber es war auch ein wenig unheimlich, zu viele Kurven waren in den hohen Bergen. Das Gleiche gab es auch in Albanien, auch zu schmale Straßen, wenn ein Auto entgegenkam, mussten wir anhalten, so dass das andere Auto vorbeifahren konnte. Auf einer Landstraße wollte mein Vater ein paar Leute fragen, wo wir aus der Stadt rausfahren können. Wir durften Mazedonien nicht erwähnen, mein Vater sagte: „Ich komme aus der Schweiz und fahre nach Skopje. Wo kann ich rausfahren?" Er versuchte es mit Albanisch, aber sie durften nicht albanisch sprechen und sagten: „Wir können kein Albanisch, nur Griechisch." Man sah, dass die Menschen auch so aussahen, die alten Männer trugen albanische Hüte (Ksula e Bardh), aber wie verstanden sie uns? Also redeten sie Griechisch und sagten: „Einfach da rechts und immer der Straße nach (akrivós ekeí kai akoloutheíte pánta to drómo)." Sie sagten auch, er soll bei der Grenze Mazedonien nicht erwähnen und einfach „ich fahre nach Skopje" sagen (Páo sta Skópia). Mein Vater bedankte sich und fuhr los.

Italien war auch immer anders, weil wir nicht immer beim gleichen Hafen waren (Bari, Brindisi und Otranto). Mein Vater hat immer direkt dort die Bord-Tickets gekauft, es war der beste Tagespreis. Das lange Warten auf dem Hafen war ein wenig mühsam, die Hitze, wir liefen ein wenig herum, schliefen, aßen. Es war wie ein Tagesausflug, dann am Abend in das Schiff einsteigen, wir zu Fuß, mein Vater mit dem Auto, und dann warteten wir auf ihn auf der Treppe und gingen zusammen zu unseren Sitzplätzen.

Es war immer interessant, weil verschiedene Menschen in diesem Raum gewesen sind. Einmal saßen bei uns auch zwei Nonnen, die von Italien nach Albanien wollten. Sie konnten nur wenig Albanisch und erzählten über ihre Tätigkeiten und ihre Pflichten als Nonnen. Wir haben gegessen, geschlafen, Karten gespielt, auf dem Schiff herumgelaufen, je nach Wetter, die Wellen angeschaut, die Delphine, Wale und nur das Meer. Das Interessanteste war, wenn man die Landschaft von Weitem entdeckte, wie Kolumbus, es war so ein erleichterndes Gefühl, dann auch die Aussage vom Bordpersonal, dass wir angekommen sind, ich fühlte mich wie im Film. Der Ausstieg (Durrës oder Vlora) aus dem Schiff dauerte gleich lange wie der Einstieg, wir warteten auf meinen Vater und das Auto auf der Passagierreihe und sind dann eingestiegen. Die Häfen waren aus meiner Sicht nicht so gut für Touristen ausgestattet. Albanien war noch schlimmer als Italien und Griechenland. Einfach Transitreisen.

# Die 1. Klasse

Als ich in der ersten Klasse in Dollogozhda/Mazedonien war, sind wir, eine Gruppe von Mädchen, nach der Schule noch herumgehangen. Wir trafen einen Jungen, er kam aus Österreich und musste für ein paar Monate nachhause, sagte er, weil er in Österreich Blödsinn angestellt hatte. Er sagte uns, er spendiert uns ein Eis, ich mochte ihn sehr, aber konnte mir nicht erklären, woher und warum. Wir setzten uns an den Tisch und warteten auf das Eis. Ich saß bei ihm auf dem Schoß und sagte ihm: „Irgendwie mag ich dich … hahaha …" Er sagte: „Ich mag dich auch, wie alt bist du?" Ich sagte: „Sieben." Er sagte: „Ich bin 17, dann kannst du meine kleine Schwester sein." Ich sagte: „Ja, und du mein großer Bruder." Aber es störte mich etwas in seiner Hosentasche und als ich aufstand, schaute ein kleines Säckchen heraus, er versteckte es und sagte aber auch: „Du bist zu klein, neugierig, aber anders." Er plauderte mit uns, und als wir das Eis fertig gegessen haben, sind wir nach draußen nach Hause zusammengelaufen.

Und jedes Mal, wenn ich ihn sah, begrüßte ich ihn, er trug eine Lederjacke mit Fransen, ich zog an seinen Fransen und sagte: „Hallo". Er sagte immer: „Du kleine Maus, viel Glück in der Schule", oder, „hab einen schönen Tag." Und wenn er uns nach der Schule herumhängen sah, sagte er immer: „Geht nach Hause, ihr seid noch klein." Ich kam oft spät nachhause, meine Mutter war immer wütend auf mich, meine Großmutter fragte nach, warum ich spät komme. Ich sagte ihr, ich sei noch mit meinen Kolleginnen herumgelaufen, und wir nehmen immer den unteren Weg. Später sah ich ihn nicht mehr. Man sagte uns, er sei hier nicht besser geworden, er nimmt Drogen und musste zurück nach Österreich zu seinem Vater. Es störte mich sehr, wenn jemand über ihn schlecht geredet hat, ich weinte und sagte: „Nein, er nimmt keine Drogen, er war so lieb zu uns." Alle hatten ihn gern, nur bei mir sagten sie: „Was hast du denn, du kennst ihn ja gar nicht." Ich bin eine Zeit lang immer auf der Straße gelaufen, wo er wohnte, um ihn zu sehen, und wenn ich jemanden draußen sah, fragte immer nach, wo er ist und wann er wieder kommt. Ich weiß den Namen nicht mehr, sein Aussehen gar nicht. Aber seine Art, wie er mit mir geredet hat, habe ich bis heute nicht vergessen.

## SEELE:

Es gibt jemanden, der hat mir meine gute Seele weggefressen und dann meine Wut aufgebraucht, und jetzt bin ich manchmal wie ein leerer Mensch, diese Leere kann nur er füllen. Aber ich will nicht so viel daran glauben, weil mein Glaube an eine höhere Macht, mein Glaube an Allah, größer ist. Und ich habe auch alleine mehrmals bewiesen, ich habe auch mit meinem Sohn zusammen mehrmals bewiesen, dass ich stark genug bin für mein Leben.

Mein Leben mit ihm wäre vollkommen, aber ich weiß auch, wie ich vollkommen bin. Ich dulde nichts Schlechtes, es gibt für mich keine Fehler, und das wiederum führt zu anderen Entscheidungen des Lebens, obwohl ich auch meine Lebenserkenntnis erreicht habe, ich muss nicht alles perfekt machen und ich kann nicht für alles Verantwortung tragen.

# FRAGEN/Weiterkommen

Ich bin wie ein Punkt (•) geworden, auf den sich alle konzentrierten und mich nicht sahen.
Mich für eigene Zwecke nutzten.
Ich wurde gebraucht, verbraucht und dann einfach fallen gelassen.
Es gibt zu oft und zu viele Fragen über meine Person und über meinen Werdegang.
Ich will nicht mehr mit den gleichen Fragen konfrontiert werden.
Ich will weiterkommen.
Ich glaube, ich habe ein Loch in meiner Tasche, eine Maus in meiner Wohnung, eine Katze im Berufsleben und einen Hund im privaten Bereich.
Es verschwinden Geld, Steine, Dokumente, Unterlagen, Papiere. Manches verschwindet, erlöst mich auf eine Weise und manches tut mir mit Leib und Seele weh.


## LIEBE:

Wenn man jemanden wirklich liebt und den vollkommenen Respekt zeigen will, sollte man nicht auf deren Macken und Fehlern herumhacken, sondern mit Aufrichtigkeit die Nähe genießen.

## ZIELE:

Wer seine Ziele erreicht hat, sei es beruflich oder privat, braucht keine Inspirationen mehr, die Lebenswege erfüllen vieles.

## Heimatort:

Fragen für die Zukunft sind für mich, ob es eine Möglichkeit gäbe, in meinem Heimatort zu leben.
Bei uns ist es so, dass jeder im Dorf sein eigenes Haus hat, alleine mit den Kindern oder mehrere Familien zusammen. Es gibt keine Wohnungen in den Dörfern. Wenn man kein Land zum Bauen hat oder kein geeignetes findet, oder die finanziellen Mittel dafür nicht reichen, ist man gezwungen, in die nahe gelegene Stadt zu ziehen, es gibt Zimmer, Wohnungen für kurze und längere Aufenthalte, zur Miete aber auch zum Kauf, verschiedene Hotels. Ich brauche noch Informationen über das Leben dort, was man noch alles braucht (Gebühren, Steuern, Versicherungen, Strom, Wasser, Heizung, Telefon, Internet).
Die genaue Budget-Berechnung kann man nur herausfinden, wenn man dort lebt.
In der Schweiz kann ich wirklich selbstständig leben, aber immer geht es in diesem Kopf um das Geld fürs Überleben. In so einem reichen Land Existenzangst, trotz des vielen Arbeitens, es gibt einem nur Sorgen, kein Ausatmen, kein Ankommen. Und ich werde nicht jünger, ich kann auch nicht und will auch nicht mehr ertragen. Das Leben hat Vorrang.

# ONKO ISMETE & TANTE FERZIJE

Meine Großmutter erzählte mir von ihrem Leben. Sie war zwei Jahre alt, als ihre Schwester geboren wurde und ihre Mutter starb. Ihr Vater heiratete eine andere Frau, die kümmerte sich sehr um meine Großmutter und deren Schwester. Sie bekam dann auch eigene Kinder, zwei Mädchen und zwei Jungs, aber meine Großmutter sagte, sie und ihre Schwester wurden immer bevorzugt von ihr. Als sie dann mit der Oberstufe fertig war, war es üblich damals, sofort zu heiraten. Sie heiratete meinen Großvater Ajet im Dorf (Dollogozhda) und ihre Schwester heiratete später in einem anderen Dorf (Veleshta), wo sie unglücklich war. Sie behandelten sie wie eine Sklavin. Ihr Vater bemühte sich darum, sie von dieser Heirat zu befreien, aber es war sehr schwierig damals, und sie wollte ihre Kinder nicht im Stich lassen, bis sie jung gestorben ist. Sie sagte dann, sie betete dafür, dass keine ihrer Kinder, Enkel und Enkelkinder in diesem Dorf verheiratet werden. Ihre Kinder hätten sie danach besucht und sie wurden auch an den Feiertagen der Kinder und deren Kinder eingeladen.

## Vor 30 Jahren:

Vor 30 Jahren, da war ich neun Jahre alt, meine Großmutter versuchte, ein Gespräch mit mir zu finden, und sagte mir: „Meine Tochter, du studierst zu viel, ich bin alt, meine Knie tun weh, aber ich versuch trotzdem, noch etwas zu hinterlassen und was machst du? Was willst du sein? In die Moschee willst du auch nicht hin." Ich sagte zu ihr: „Aber du gehst auch nicht hin, was soll ich da, ich weiß, dass ich Muslimin bin, ich weiß, dass es einen Allah gibt, aber ich will die Welt erleben, um zu sehen, wo ich hingehöre." Sie sagte dann: „In Ordnung, ich mach ja auch alles mit meiner möglichen Kraft, und du darfst auch mit deiner möglichen Kraft dies herausfinden, aber du darfst mich nicht vergessen, und du darfst mich nicht enttäuschen. Großvater will nicht so." Sie erzählte mir von den Geschenken, die Sie aus Kaaba bekommen hatte, ein weißes Kopftuch, Henna, Gebetskette, Gebetsteppich, Erde aus Kaaba, in kleine Säckchen gepackt, und ein Fernglas, wo man Fotos von Kaaba und Mekka in Arabien sehen konnte. Es war so faszinierend, als würde man dort in echt sein wie heute mit einer VR-Brille. Zu den Bildern erklärte sie mir genau, was sie macht. Sie versuchte, der Religion nachzugehen, mit den überlieferten Themen in ihrer Zeit, und tat das, was für sie richtig und wichtig war.

Aber ich verstand sie damals gar nicht. Und auch heute sehe ich eine große Aufgabe darin, der Religion nachzugehen. Es ist nicht so, dass ich nicht glaube. Ich glaube, dass das Glauben an jegliche Religionen Hoffnung gibt, um zu leben, Hoffnung für schlechte Tage, Hoffnung für die Zukunft und einen großen Sinn des Lebens.

Wenn ich mich im Monat Ramadan intensiv um meinen Glauben kümmere, da bin ich so befreit, so gewärmt, so viel Mensch, genauso wie während der Weihnachtszeit. Aber das ist mir immer noch zu viel, immer so zu leben, ich brauche Pausen, aber das heißt nicht, dass ich Allah vergesse, denn Allah ist immer in meinem Herzen und wird es immer sein.

Aber es ist so, dass man in einem fremden Land, wo man andere Gesetze befolgen muss, auch nicht zu 100% gleich leben kann, wie in deinem eigenen Land, oder in anderen Ländern mit der gleichen Religionsmehrheit. Sie erzählte mir, die Erde von Kaaba sei dafür, Böses wegzutreiben und Glück zu bringen, daher muss man bei einem Hausbau bei allen Ecken ein Säckchen Kaaba Erde reinmachen und zu den Festtagen die Bräuche einhalten. „Das ist das Mindeste, was du auch machen kannst", sagte sie zu mir. Ich versuchte und versuche immer noch, die Festtage und die Bräuche einzuhalten, habe auch meinen Sohn dahingehenderzogen, obwohl ich weiß, dass sie weiß, dass ich etwas ändern musste, vielleicht gelingt es mir bei meinen Enkelkindern.

## Alleingänge von Artime

Ich bin oft von zuhause weg, um draußen mit Jungs fußballzuspielen oder bei Freundinnen herumzuhängen, ich war immer vor dem Dunkel werden zuhause. In dieser Zeit waren die Frauen mit den Tieren oder dem Abendessen beschäftigt, so dass meine Mutter auch keine Zeit hatte, mit mir zu reden, wo ich war usw.

Ich ging auch zu meinen Tanten ins Dorf nebenan (KOROSHISHTA). Eine Tante ist mütterlicherseits verwandt, nämlich sie ist die Schwester der Mutter. Ich ging oft zu ihr und übernachtete auch dort. Wenn sie mit ihr telefoniert hatte, sagte ich immer zu meinem Cousin, er solle loslaufen, ich komme vorbei, wir trafen uns am Ende meines Dorfes und gingen zu meiner Tante. Wir blieben oft lang wach, hatten viel Spaß. Einmal ist ihre Großmutter aufgestanden, um uns zu kontrollieren, ob wir ihre Bananen gegessen haben. Wir konnten nicht aufhören zu lachen, wir wussten nicht mal, was sie versteckt hatte, und es interessierte uns auch nicht. Meine Tante hat auch vier Kinder, zwei Mädchen und zwei Buben der eine Junge ist, gleich alt wie ich. Eines Tages waren wir draußen, Kaffee trinken, und er war im Haus. Ich musste etwas vom Haus holen, als ich die Haustüre aufmachte, konnte ich nicht aufhören zu lachen. Er stand da mit einer künstlichen Rose als Mikrofon und sang den Song „unbreak my heart" von Toni Braxton. Als meine Cousine heiratete, bin ich auch drei Tage dort geblieben. Wir nähten noch die Knöpfe an bei ihrem selbstgemachten Duvet-Bezug für ihren „Qeiz". Ich war noch mit ihr in der Stadt, sie musste noch etwas besorgen, und als sie bei ihrem Mann geführt wurde, war ich sehr traurig, hatte Bauchschmerzen, weil ich nicht weinen konnte. Alle haben geweint und es nach fünf Minuten vergessen und wieder Freude ausgestrahlt. Bei mir dauerte es noch drei Tage, bis ich die Trauer loslassen konnte. Die andere Tante ist von der Vaterseite, nämlich die Schwester von meinem Vater, hat zwei Söhne und ist ständig an der Hausarbeit. Jedes Mal, wenn ich gegangen war, war sie am Putzen. Einmal bin ich mit meiner Schwester und meiner Cousine zu ihr gegangen und sie war wieder am Putzen. Ihr Schwiegervater saß draußen und fragte uns, was wir wollen. bevor ich sagen konnte, dass wir nur unsere Tante besuchen wollen, sagte meine Cousine: „Wir wollen unsere Tante abholen, um bei uns zu übernachten."

Sie ruft schon: „Oh bijat e Allës, po oun me poun jom, ku tshkoj Alla, kujt tja lo Lopt." Er sagte dann: „NEIN, das geht nicht, 100 Deutsche Mark pro Nacht, würde es vielleicht gehen, wer soll unseren Haushalt erledigen und sich um die Tiere kümmern. Meine Frau ist jetzt alt, kann nicht mehr und muss sich auch um mich kümmern, nur eure Tante macht alles für uns." Ich sagte dann, ich habe keine Deutsche Mark nur Schweizer Franken. Dann zeigte er auf meine Cousine (weil sie in Deutschland lebt) und sagte: „Aber sie hat schon." Meine Cousine sagte sofort: „NEIN, ich habe kein Geld." Ich sagte dann: „Beruhige dich, wir sind nur zu Besuch hier, der Schweizer Franken ist sowieso mehr wert als die deutsche Mark" Wir unterhielten uns über die Geldwerte, saßen ein wenig dort und sind dann nach Hause.

## 14. Lebensjahr:

Als ich 14 war, ist meine Großmutter gestorben, für mich war dies sehr schlimm, sie nicht mehr in unserem Leben zu haben. Es war das erste Mal, dass ich richtig geweint habe. Und ich hatte auch Mühe, in der Realität zu bleiben, als würde sie mich verfolgen, was ich mache. Ich hatte einen Vortrag in der Schule und ich konnte in meinem Vortrag fast nichts sehen und hören, ich wurde laut und sie schupfte mich, ich solle nicht weinen, ich soll mein Talent zeigen. Nach den richtigen Ritualen des Islams hätte ich keinen Vortrag halten müssen und auch ein paar Tage zuhause bleiben müssen. Das wollte sie eigentlich, aber eine andere Seite von mir sagte zu mir, sie soll mir dies nicht sagen, es kann erst geändert werden, wenn es von meinem Verstand aus und von meiner Seele kommt, ob ich Rituale will und welche Rituale ich brauchen werde.
Also wenn ich blockiere, gibt es auch einen Grund, ich sehe meinen Verstand und meine Seele nicht.

## Trauer:

Ich sah immer meine Großmutter in meinen Träumen, ich redete mit ihr, bat sie um Hilfe, sie gab mir immer Stärke, dann eine Zeit lang nicht mehr, und als ich sie im Jahre 2012 wieder mal brauchte, hat sie mich weg geschupft, sie sagte zu mir: „Du kannst es alleine, du musst es alleine schaffen, lass mich in Ruhe und geh deinen Weg." Ich lief weiter die Treppen hoch und kam zu einer Tür, vor der Tür stand mein Großvater (Ajet) und sagte zu mir: „Was machst du da? Du bist nicht für hier, sogar ich bin noch nicht drangekommen. Ich kann nicht mal sitzen, weil meine Beine mir weh tun." Ich sagte zu ihm, ich wäre jetzt bereit, ich konnte die Tür öffnen, es kam ein helles strahlendes Licht heraus und eine Stimme

(Allah) sagte zu mir: „Du musst zuerst richtig leben, bevor du stirbst." Und knallte die Tür vor der Nase zu.

Mein Großvater sagte zu mir, „ich bringe dich wieder heil runter", und wir liefen die Treppen runter und redeten. Ich sagte ihm: „Ich weiß, wo Großmutter ist." Er sagte: „In Ordnung, dann setze ich mich zu ihr, aber du darfst nicht bei ihr sitzen, du musst weiter gehen, in Ordnung meine Tochter." Ich sah meinen Großvater bei meiner Großmutter sitzend und ging fröhlich den Weg runter in die Realität.

## Vertrauen:

Wenn man sich selber verliert in der Liebe, dann ist es keine Liebe mehr, es kann sich nichts weiterentwickeln.

Und nur wenn man sich fünf Minuten auf irgendeine Weise gegenseitig nähert, oder ein Verlangen spürt, heißt es noch nichts. Damit lässt sich vielleicht ein Teenager beeinflussen, aber sogar die verlangen heute viel mehr Respekt als Show. Ja, ich nenne sowas auch nur Show, wie ein geübtes Theater, wie Tiere. Der Respekt geht verloren, die Liebe, das Vertrauen. Der Respekt, jemanden wirklich kennenlernen zu wollen, liegt bei uns unter null, das heißt im Minus, schlecht. Man will sich von den alten Traditionen abgrenzen, man will modern sein, aber dies ist nicht möglich. Wer sich wirklich weiter entwickeln möchte, muss das Alte mit dem Neuen verbinden. Somit geht das Vertrauen in die Menschheit verloren, so kommen wir nicht weiter. Und wenn wir Menschen sind, dann müssen wir, wie Menschen für Menschen, an uns und für uns arbeiten. Weil, in dieser Richtung, in der man philosophiert, arbeitet, sich weiterentwickelt, in der Richtung kommt man weiter. Und alles kann nicht ein Mensch verantworten, zum Beispiel ein einziger Präsident für die ganze Erde, unmöglich, oder? Obwohl, ich selber würde es machen, jegliche Anliegen der Erde, der Menschheit zu lösen. Ich könnte jetzt seitenweise darüberschreiben, wie ich mir dies vorstelle, aber dies soll mein Geheimnis bleiben, für jedes Land dementsprechend zu sorgen.

## Na ishte njëher:

Na ishte njëher, një koh e leht, një koh pa mendime, një koh pa kuriozität, ajo koh quhet (fëmijërija), se sa ngadal hecte koha, se sa ngadal rriteshim, se sa e gjat ishte dita, kur luashim me shoqëri deri në aksham… edhe nata ishte shum e gjat, Darka me familjen, 20.00ora Lajmeve, që sduhështe të bojm zhurm, ose rri urt, ose shko te Oda tjetër, por për mua ishte një koh shum interessante, se sikuptoja hiq vec Mirbrëma, Natën e mir ose Mirmbetshim. Na linte gjyshja të shofim filma italisht, ma interessant ishte, se dueshte të koncentroeshim tu e lexu përkthimin… Si dolëm nga zvicra, kishte gajle gjyshja, hë thoshte do hupemi mo, sun shoh mo fëmi tu u rrit, dhe se kuptonte pse ne do rrim në zvicër, u kthym prap, por sebom gjat, vec një vjet, dhe prap në zvicër, por ishte një mallzim i madh kur vinte Vera, edishim se do shkojm, aq na diqte malli për gjyshen edhe për të tjert të familjes sna priteshte, boheshim azër, edhe ajo rrug e gjat afër 24orë, na dukështe sa 2orë, kur dilshim në oborrin e shtëpis, sikur me hy në Parajs, kur i shifshim Antart e familjes, na mbushështe zemra me gjak, lotët pa ndal, qaj e qesh prej gëzimit, rrishim nga 5 jav, te daja, te tezja, te allat, napër dasma… ajo ishte një gëzim, që smund ta kuptoj askush, por vinte koha për tu kthy, prej mërziz, që largoheshim nga gjyshja, nga familjarët, na dukeshte rruga sa 3dit, të lodhur, të mërzitur, kur vishim ktu. Kta po (schöni ferie gha) po cfar ferie, ne duheshte të adoptoheshim nja një jav, të na ikte mërzia për familjen, por një gjë e kam kuptu, se ajo mërzi nuk ikte hiq, por vec na o ngri gjaku …

# Mein 2. Lebensabschnitt

Ich chattete mit vielen Leuten, unterhielt mich über verschiedene Themen, und einer schrieb mir ständig, und es wurden tägliche Gespräche, die ich nie ernst nahm und auch irgendwie nebelig ... Und es geschah etwas, was ich mir bis heute nicht erklären kann, warum ... Ich nahm Ferien, um ihn zu treffen, und wir wollten uns kennenlernen, um herauszufinden, ob die Schreiberei echt ist.

Wie ich mich für diese Ferien vorbereitet habe, wie eine Kriminelle. Ich weiß nur nebelig ein wenig, was geschah bis zum Zürcher Flughafen. Ich dachte, es geht besser, aber nein, ... es wurde immer nebeliger ... Als ich in Skopje rauskam, sah ich ihn, aber ich erkannte ihn nicht.

Ich habe ihn in Fotos und Videochats gesehen, aber nebelig, es schupfte mich etwas direkt zu ihm, ich war wie gelähmt ... ich hatte Bauchschmerzen ... Er sagte mir, wir gehen direkt zum Hotel, dann schauen wir weiter, weil es sehr kalt war ... Wir gingen ins Hotel, haben eingecheckt, wir redeten nicht viel, es waren nur kleine kurze Momente, sonst still, ich hatte andere Erwartungen. Seine Familie rief ihn ständig an. Wir gingen zum Essen, aber wegen der Bauchschmerzen konnte ich fast nichts essen. Dann wollte eine seiner Cousinen mit mir reden, und sie sagte zu mir, wir sollten lieber nachhause kommen, ich sei nicht ein Mädchen fürs Hotel, ich müsste zu ihm nachhause gehen.

Nach dem Frühstück sind wir dann zu ihm nachhause. Dann, als wir in der Stadt Gostivar waren, sagte er zu mir: „Hier sind wir in Gostivar, aber ich wohne nicht hier, sondern in dem Dorf Forina." Als wir ankamen, erwartete uns seine Familie, später kamen auch die Cousinen, sie redeten über mich, aber nicht mit mir. Ich hörte, wie sie über meinen Vater redeten ...

Sie sagten, wenn er wirklich so ein strenger Vater ist, kann er sie innerhalb von 3 Tagen wieder abholen, dann nicht mehr.

Ich hatte Angst, denn seine Verwandten redeten so, als würden sie meinen Vater kennen und ich sagte dann erst am dritten Tag, das der Schwiegervater meinen Vater anrufen kann und gab die Nummer. Sein Vater rief meinen Vater an und sagte ihm: „Ich bin der Shuip aus Forina e Gostivarit und mein Sohn hat deine Tochter hierhergebracht, wir wussten auch nichts, sonst hätten wir uns vorher gemeldet." Dann haben sie sich zur Freundschaft gratuliert. Aber mein zukünftiger Mann war nicht glücklich über diese Worte. Ich verstand wie immer nur 10%.

Danach ist etwas passiert, was ich auch nicht verstanden habe. Wir müssten plötzlich heiraten, so dass er so schnell wie möglich in die Schweiz kommen kann, weil sein Touristenvisum abgelehnt wurde. Es ging nicht, in Gostivar zu heiraten, ich fragte: „Warum denn?" „Weil dir ein Dokument fehlt", sagte er. Also gingen wir nach Struga, um dieses Dokument von mir zu holen. Dort gab es auch Komplikationen, also rief ich meinen Onkel an, und er sagte, er bemüht sich zu kommen, weil die Straßen voll geeist waren. Als mein Onkel kam, sagte er, dass wir auch in Struga heiraten können, es gibt bei unseren Dokumenten keine Probleme, aber da der Großvater meines zukünftigen Ehemannes gestorben war, mussten wir zurück nach Forina und mein Onkel machte für uns einen Termin für den 10. März 2005.

Das war so wie ein Meeting wie ein Vertragsabschluss mit anschließendem Essen ohne Gefühle. Für mich war mein Onkel und die Frau des Cousins meines Mannes Trauzeuge und für ihn war sein Cousin Trauzeuge … die Gefühle waren plötzlich unterdrückt, ich konnte nicht mehr klar denken, ein wenig auch Angstgefühle, aber warum? Wieso konnte ich mit ihm nicht mehr richtig kommunizieren, wir hatten so viel mit den Formalitäten zu tun, sodass die Ferien vorbei waren. Ich kam in die Schweiz und wusste vieles nicht, was ich vorher gemacht habe oder nicht gemacht habe. Mein kleiner Bruder war so glücklich, mich wieder zu sehen, es ging ihm in dieser Zeit nicht so gut, er hatte sogar Zähne verloren. Ich hatte schon eine Ein-Zimmer-Wohnung gemietet, ich hatte vieles schon vor den Ferien vorbereitet. Dann, als ich wieder in der Schweiz war, wollte ich nichts mehr machen, ich war ständig müde, ich konnte die Wohnung nicht einrichten, dachte immer, es hat Zeit, und wenn er in die Schweiz kommt, können wir dann die Wohnung zusammen einrichten. Auf meinem Konto fehlte Geld, ich wusste, dass ich noch Geld haben muss, ich wusste, wieviel Geld ich meinem Vater gegeben habe und wieviel ich für Ferien genommen habe, aber bis heute fehlen mir 100 000 CHF von 2005.

Alle redeten mit mir so, als wüssten sie, wo mein Geld ist, nur ich nicht. Das Schlimmste war, ich war wie von etwas unterdrückt, konnte mich nicht wehren. Nach einem Monat ist er in der Schweiz gekommen, ich ging ihn am Flughafen Zürich abholen und wir kamen mit dem Zug zu meinen Eltern. Er wollte nicht dortbleiben, nach dem Mittagessen sind wir dann zu unserer Wohnung gegangen. Es gefiel ihm nicht, dass die Wohnung nicht eingerichtet war. Ich sagte zu ihm … so ist es in der Schweiz, diese Verpflichtungen haben wir hier, Wohnung einrichten, Putzen, Kochen, Rechnungen bezahlen, Arbeiten als allererst.
Für mich war dies auch eine große Veränderung, denn die Arbeit wurde mir noch wichtiger, wegen der Rechnungen und ich fühlte mich ein wenig ängstlich, ob ich dies alles schaffe. Daraufhin sagte ich zu meinem Mann, er solle mich nichts über die Arbeit fragen, ich wollte dies getrennt haben und fühlte mich so noch freier. Wir gingen oft spazieren und schauten uns in den Läden um. Wir waren glücklich. Jedes

Mal, wenn ich frei hatte, kümmerten wir uns um die Wohnung. Aber immer, wenn er mit seiner Mutter telefonierte, wurde er kalt zu mir. Ich sagte zu ihm, dass ich ihn verstehe, dass er jetzt plötzlich weit von seiner Familie weg ist und dass er die Familie vermisst, aber er könnte jederzeit seine Familie besuchen gehen. Aber er wollte dies nicht und sagte, nein er wolle mich nicht alleine lassen.

Nach 3 Monaten, wo ich dachte, jetzt haben wir einen Start gefunden, ist die erste Krise entstanden. Er hatte so viel Hoffnung, dass er arbeiten kann, denn ich arbeitete 100 % und es war ihm oft langweilig. Als dann die erste Arbeit nach einer Woche vorbei war, war er traurig. Und jedes Mal, wenn etwas nicht so gelaufen ist, wie er wollte, fühlte er sich eingeschränkt, und so fuhr er sehr oft einfach mit dem Auto weg. Das gefiel mir auch nicht, denn ich wollte Geld für Ferien sparen. Aber nein, die zweite Krise ist entstanden, er fühlte sich in der Wohnung nicht mehr wohl, also suchten wir eine andere Wohnung. nach dem Umzug konnte er in einer anderen Tätigkeit nach gehen und es gefiel ihm recht gut. Wir bereiteten uns für die Winterferien vor und er sagte, dass seine Familie auch eine Hochzeit feiern will, aber er machte sich Sorgen, weil wir fast alles selber bezahlen mussten. Es war eine schöne Hochzeit, ich konnte vieles selber entscheiden, aber auch nicht alles natürlich, aber mein Mann verhielt sich oft kalt mir gegenüber, vor allem bei der Hochzeit. Erst später, als auch andere mich lobten, kam er näher zu mir. Quasi müsste ich mich beweisen, dass er mich lieben konnte? Aber sonst hatten wir nicht viel zusammen unternommen.
Ich durfte meinen Onkel besuchen gehen, denn ich brauchte ihn wieder als Trauzeuge für die Eheschließung mit dem Imam. Mein Onkel hatte auch andere Vorstellungen, aber irgendwie konnten wir beide nichts mitreden. Es war unterschrieben, und die Vereinbarungen sind nur Formalitäten, sagten sie uns.

Wir sagten nichts mehr, denn ich stand ja nicht zum Verkauf, dachte mein Onkel, es ging ja um das Ritual Eheschließung. Aber das Gefühl, dass jemand nur meine Dokumente haben wollte, um mir zu schaden, lässt mich bis heute nicht in Ruhe. Wir sind wieder zurück in die Schweiz gereist und gingen unserer Arbeit nach, aber gleichzeitig war die Wohnung noch nicht fertig eingerichtet, also hatte ich viel Arbeit. Dann nach 3 Monaten wurde ich krank, so wie eine Grippe mit Durchfall, und konnte fast nicht stehen. Beim Arzt sagten sie mir, es fehlt mir das Vitamin B12 im Blut, das für mich sehr wichtig sei. Und er wollte nachschauen, welche Medikamente er mir geben soll, und ich soll auf keinen Fall jetzt schwanger werden und ob ich dies plane. Ich sagte klar NEIN. Als ich rauskam, sah mir die Arzthelferin in die Augen und sagte: „Sie ist schwanger." Der Arzt sagte, die Patientin sagt Nein. Aber bei den Blutkontrollen gab die Ersthelferin nicht auf und sagte, bevor wir jetzt noch mehr Tests machen, solle ich doch einen Schwangerschaftstest machen.

Also ging ich beim nächsten Termin zuerst in die Apotheke, kaufte gleich zwei Schwangerschaftstests und ging zur Blutentnahme. Nach dem positiven Schwangerschaftstest sagte die Arzthelferin: „Habe ich doch gesagt." Der Arzt war nicht so erfreut und machte mir ein wenig Angst, um ehrlich zu sein, aber die Arzthelferin nahm mir die Sorge sofort. Sie war für mich in dieser Zeit eine gute Unterstützung. Ich lief nachhause und klingelte zuerst bei meiner Mutter, ich wohnte in einem anderen Block nebenan. Sie fragte mich, was der Arzt gesagt hatte. Als ich ihr von der Schwangerschaft erzählte, sagte sie auch: „Wusste ich's doch." Mein kleiner Bruder fragte nach: „Was?" Ich sagte zu ihm: „Du wirst Onkel." Er kam mit mir mit, wir gingen zu meiner Wohnung, er schaute fern, ich bereitete das Nachtessen und machte den zweiten Schwangerschaftstest, um ihn meinem Mann zu zeigen. Als mein Mann kam, hat er meinen Bruder gegrüßt und kam in die Küche. Ich erzählte ihm von der Schwangerschaft, er sagte: „Habe ich mir schon gedacht", aber Freude spürte ich nicht. Wir haben gegessen, mein Bruder ist dann nach Hause gegangen und wir gingen schlafen. Oft erwähnte mein Mann, dass ich die Schwangerschaft geplant hätte, und ließ mich oft alleine, er kümmerte sich nicht mehr viel um mich.

Ich musste ihn immer anbetteln, etwas zu tun, er hatte dann plötzlich auch Stress bei der Arbeit, wurde dort viel provoziert. Und so kam es zu einer Kündigung, die ihm Sorgen machte. Er distanzierte sich noch mehr von mir, eigentlich brauchte ich seine Nähe mehr als zuvor. Ich dachte sogar schon über eine Trennung nach, aber meine Mutter sagte mir: „Du hast auch bei deinem Mann andere Erwartungen, du lebst hier, er ist dort aufgewachsen, und er zeigt sich als nicht gut erzogener Mann, sonst nichts. Aber da siehst du, dass die Aufgaben der Frau zufallen. Du kannst dich schon trennen, niemand kann dir etwas zureden, denn du hast ihn selber gewählt, aber dass du voreilig für alles bist, weißt du auch." Ich ging nachhause und sagte zu mir, ich schaue für mich und mein Kind, das hat Priorität, und das andere wird sich zeigen.

Aber ich merke erst jetzt, dass für jemand anderen meine Schwangerschaft nicht zum richtigen Zeitpunkt war, für mich war das ein Geschenk Gottes, das ich akzeptiert habe, und somit gab mir Gott auch viel Kraft und Energie. Ich konnte die Schwangerschaft gut überstehen, dann die ersten drei Monate auch gut, dann musste ich arbeiten. Aber ich fragte sofort nach einer Möglichkeit für Teilzeitarbeit, und somit konnte ich 60% arbeiten, das waren drei Tage die Woche.

Aber jemandem gefiel dies nicht, und er versuchte, mich zu schlagen. Plötzlich war mir wieder nebelig ich konnte auf meinem Konto nicht mehr sehen, ob es plus oder minus war. Ich zahlte die Rechnungen via Banküberweisung und die Miete war ein Dauerauftrag. Plötzlich bekam ich eine Kündigung, die Miete sei seit 6 Monaten nicht bezahlt worden. Ich war geschockt, hab die Kündigung angefochten, aber woher sollte ich sofort über 7'000 CHF nehmen. Es war Sommerferienzeit, meine Eltern waren in den Ferien, mein Mann wollte mich nach Mazedonien bringen, aber wie, ohne Geld, was sollte ich dort, ich hatte nicht mal ein eigenes Zimmer. Bei der Arbeit wurde ich auch gekündigt, ich meldete mich bei der Arbeitsvermittlung (RAV) an und ging direkt zu Immobilienbüros, um eine Wohnung zu finden. Ich hatte sofort Glück, ich durfte eine Wohnung in Bützberg ansehen und sagte zu der Verwalterin auch: „Ich bin am Ende, ich weiß nicht, wo mein Geld ist, mein Mann will mich nach Mazedonien bringen, aber ich will das nicht." Sie sagte zu mir, sie könne nichts versprechen, sie müsste den Chef fragen. Ich bekam die Wohnung sofort und somit konnte ich auch ein wenig atmen und mich um die Hausarbeiten kümmern. Ich musste öfters zu meiner Mutter wegen der Stellensuche, dann musste ich für drei Monate jeweils drei Tage in der Woche zu einem arbeitsmarktlichen Bewerbungskurs gehen. Danach durfte ich drei Tage die Woche im Spital arbeiten gehen. Aber irgendwie fühlte ich mich in dieser Wohnung nicht wohl, ich war im Erdgeschoss und die zwei Familien, die im ersten Stock waren, beschwerten sich … ständig über mich, obwohl Sie selber alles dreckig machten und laut waren. Eines Tages rief mich die Vermieterin an und sagte zu mir, sie müsste mit mir über einige Beschwerden reden, ob ich im Büro vorbeigehen könnte. Ich sagte zu Ihr, ich komme gerne, aber eigentlich müsste ich mich beschweren und sagte ihr einige Punkte, die ihr auch von der Hauswartin bekannt waren. Und somit sei für Sie die Sache geklärt. Die eine Familie musste dann ausziehen, und man sah den hinterlassenen Dreck danach. Es war dann ein wenig ruhiger geworden, aber für mich immer noch nicht ideal. Dann hatte ich eine Stelle in Aussicht, dort konnte ich ab Mai 2008 anfangen. Mein Mann sagte zu mir, ich solle Energie tanken, ich brauche dies für den neuen Job, also ging ich für 10 Tage zu seiner Familie.

## JETA = Das Leben

Me një fjali (Do të vin Mend mavon) ose (Do e kuptojsh ma von) kam shum, kam shum pyetje, por skam asnjë përgjigje, edhe nuk pyes mo. Por në gjith jetën time kan ndodh disa gjëra që skam mund ti shpjegoj nën moment por mbas disa muajsh, edhe shum kan mbet pa u sqaru, por jam mësu, mos jem në kët bot të vështir, edhe pse kam luftu, edhe pse kam pyet si atvokate, sikam pas përgjigjet e sakta, asnjëher sun i godis punt e mija se si dua vet, e kur ja dal disa her, menjëher do kem pengesa të ndryshme … ctë bëjsh, vec lutju Zotit, tët kalojn vështirësit, dhe të shpresojsh për koh më të mir, por disa her problemet mbesin, sun i përballoj ti pastroj të gjitha … Ishte një Koh, që mërzitesha shum, smuhesha disa her, i them Zotit, O Zot? Pse? Pse sun i drejtoj punt e mija, se si kam dëshir un, ku e kam kryt, ku e kam shpirtin, por prap mbetësha vet, vet me hallët e gajlët e mija … Mandej mbas disa vështirësi, e mora prap një fuqi, u ndava prej Burrit, e mora një forc të punoj, ti rregulloj, punt e mija, por sa jom mundu, prap sun ja dola, dështova … Por jo jeta vashdon, edhe gajlet vashdojn por them Zotit, Pse? Pse o Zot, mos jem rahat, se ngacmoj asnjeri, si bëj keq asnjërit, sa mundem cdokujt ti ndihmoj, i ndihmoj … e pse? Pse o Zot, pse? Shpresa vdes e fundit, shyqyr Zotit, jam me shëndet të mir, dhe do i mbaj të kqijat, si të mirat.

# Im Jahre 2005

Ich fühlte mich entführt und konnte mich nicht wehren, ich war wie in einem Film, wie in einer Kugel. Ich sah nur halbwegs und hörte viele Stimmen, aber konnte mich nicht wehren. Wie alles begann:

Ich schrieb mit einem Jungen aus Gostivar, es war für mich ohne Bedeutung, ich schrieb mit vielen, wie ein Austausch, ein Gespräch unter Migranten. Aus der ganzen Welt hatte ich irgendeine Freundin oder einen Freund und wir schrieben uns mehrmals, tauschten uns über unsere Entwicklungen und Möglichkeiten als Migranten aus. Mit dem einen wurde die Schreiberei immer öfters, und irgendwie konnte er mich überzeugen, dass wir uns treffen. Er wollte, dass ich über die Weihnachtsferien nach Mazedonien hinfliege, aber, da ich Ferienverbot hatte über die Festtage, bin ich dann Anfang März 2005 nach Skopje geflogen. Die Vereinbarung war, dass wir uns nur kennenlernen wollten, aber was nach dem Landen passiert ist, keine Ahnung. Wenn ich richtig überlege, weiß ich nicht, mit wem ich eigentlich geschrieben habe und mit wem ich mich in Skopje getroffen habe, aber ich weiß, dass ich wie blind war. Ich glaube jetzt, dass der Mann, der mir mein Geld geklaut hat, da etwas gepfuscht hat. Ich sprach auch über das Telefonat von meinem Vater und dem Schwiegervater, was mir nicht gefallen hat. „Deine Tochter bleibt bei mir", das würde heißen, dass der Mann, der mir das Geld geklaut hat, wollte, dass es so aussieht, als hätte ich mit anderen Familien hier in der Schweiz gelebt und die Sorgten sich um mich, er wollte von dieser Situation profitieren. Aber ich brauchte mein Geld auf der Karte, ich hatte die Reise bezahlt und hatte etwas Schweizer Franken abgehoben, so dass es für die 14 Tage ausreichen würde. Danach in der Schweiz musste ich die Ein-Zimmer-Wohnung bezahlen 600 CHF und meine Krankenkasse und dann die Krankenkasse meines Mannes, denn in den Ferien kam es ja zu einer Heirat.

Aber ich hörte dann noch eine andere Stimme, dass mir erst jetzt bewusst ist, ein Mann ist dünn und alt und ein Mann ist fett und mittelalt. Die suchen beide ihre Frauen, aber ich bin nicht deren Frau.

Ich war eine ledige junge Frau, unabhängig, die aber noch bei den Eltern gelebt hat, ich war noch Jungfrau, dies war mir sehr wichtig bis zu meinem 25. Lebensjahr.

Und die Menschen, die mir damals geschadet haben, schaden mir jetzt immer noch. Die hören nicht auf, etwas von gemischten Realitäten, Visionen. Das ist Abzockerei und nichts anderes. Schwachsinn, Blödsinn, die wollen immer noch von mir leben. Die haben keinen Sinn und suchen dies bei starken Menschen. Es ist an der Zeit, diese zu bestrafen.

Leider Gottes sind die Geschädigten immer die Opfer, und leider Gottes bin ich immer deren Opfer.


## Erinnerungen:

Es gibt jegliche Veränderungen im Leben, die wir gar nicht merken, die wir als selbstverständlich hinnehmen. Aber wenn wir uns neu orientieren müssen, müssen wir unser Leben zurückverfolgen, um unsere Stärken hervorzuholen. Und wenn ich meine Stärken aufzähle, werde ich noch stärker, wenn ich meine positiven Ereignisse aufschreibe, muss ich gestehen, dass ich ein glücklicher Mensch bin. Oft sind es kleine Eigenschaften, die das Menschsein ausmachen, das Wichtigste ist es, sich selber nicht zu verlieren. Seinen Weg nicht zu verlieren. Seinen eigenen Weg zu sehen und auch annehmen, sei es in guten Tagen, aber auch in schlechten Tagen. Ich mache immer wieder ein Fazit über meine Angelegenheiten, somit kann ich abschätzen, wo meine Prioritäten sind. Und auch abschätzen, erklären, warum manche Sachen im Moment nicht erledigt werden können. Pläne erstellen, was erledigt werden muss.

Nachhaltiger leben, Wohnen und Gärtnern sind meine offiziellen Ziele, wenn ich alles erledigt habe, so dass ich nichts ändern muss, kommt dann das (nachhaltiger) Reisen.

## Selbstreinigungsmodus:

Es gibt manchmal Zeiten, die man nur für sich persönlich braucht, sich zu pflegen, sich zu verwöhnen, das ist nicht egoistisch, nein, das braucht der Mensch, weil alles mit Arbeit verbunden ist, Hobbys, Ferien … Man muss wirklich mal überlegen, brauche ich wirklich zwei Wochen irgendwo, wo ich nach Zeiten essen muss, nach Zeiten fliegen muss, nach Zeiten mich erholen muss oder reicht mir nur eine Woche, um alles zuhause in Ordnung zu bringen, und um zu erholen. Ich bin so glücklich, wenn ich alles aufgeräumt und gereinigt habe und dann meinen Kaffee genieße, sei es drinnen oder auf der Terrasse. Reisen ist keine Erholung für mich, man muss noch ein paar Tage für sich zuhause planen, um sich zu erholen.

## Passion:

Kisha një pasion, të shkruaj Texte, vjersha, poezi të shkurtra, ndonjëher i lexoja me melodi si kënga, ishte një pasion që tregonte ndjenjat e mija, ëndrrat e mija, dhe fjali nga kulltura të ndryshme…Tash kam fillu të shkruaj një Libër, për rrugën e jetës time…

Hej hej kjo Dynja…dikush ska hiq, dikush sedin sa ka, dikush osht mir, dikush osht keq, por asnjoni e tjetri sjon rahat. Të mendojm aty ku jemi, se si jemi, a kemi a skemi. Se nëse cdokush e fshin pragun e vet, do ndrit gjith rruga. Smundemi të ju ndihmojm të gjithve...asnjëher...Por nëse cdokush të mundohet ta rregulloj oborrin e vet e kemi regullu krejt katundin.

## Langeweile:

Mir ist nicht langweilig, ich bin im Leben angekommen, ich weiß, was ich will, und ich weiß, was ich nicht will. Meine Erwartungen sind dem angepasst, was ich habe und was ich bekomme, daher ist es einfacher, zu leben.

## ANGST:

Ich höre wieder diese männliche Stimme, ich habe immer wieder etwas von einem schwarzen Mann gesagt, er ist relativ dünn, entweder ist er in der Realität sehr dick oder körperlich behindert, so dass ihr ihn nicht spüren könnt aber ich habe vor ihm Angst. Er spielt mit der Seele eines Menschen, er versucht, meine Seele zu stehlen, zu manipulieren. Er interessiert sich sehr viel für mich, ich will gar nicht wissen, warum? Ich weiß nicht, wie ich mich vor ihm schützen soll. Er ist von der schlechten Seite und will wissen, was ich weiß, somit kann er wissen, was die Behörden wissen, so dass ihm die Behörden nicht auf die Schliche kommen.
Er kann einem die Realität rauben, dies führt zu Organschäden, zu Krankheiten und zu Angst bis hin zu Depressionen. Und er sagt auch, wenn du mich reinlegst, wird es noch schlimmer für dich. Er benimmt sich wie ein Zuhälter, er will über einem verfügen.

## Visionen:

Visionen gab es immer, nur betrachteten wir sie als Träume, und heute werden auch Visionen gestohlen oder manipuliert. Meine Hirnzellen sind überall verteilt, so dass ich manchmal wirklich meine Angelegenheiten dreimal ausrechnen und durchstudieren muss. Und Manches bleibt nicht hängen, weil ich nicht will, oder nicht, weil ich nicht kann, sondern weil es länger dauert, bis ich meine Hirnzellen zusammenführe.

Du musst begreifen, dass nicht jeder dazu bereit ist, dasselbe für dich zu tun, wie du für sie …

EIN HERZ FÜR AUTOREN A HEART FOR AUTHORS À L'ÉCOUTE DES AUTEURS MIA KAPΔIA ΓIA ΣYΓΓ
EIN HJÄRTA FÖR FÖRFATTARE UN CORAZÓN POR LOS AUTORES YAZARLARIMIZA GÖNÜL VERELIM SZ
PER AUTORI ET HJERTE FOR FORFATTERE EEN HART VOOR SCHRIJVERS TEMOS OS AUT
OINKÉRT SERCE DLA AUTORÓW EIN HERZ FÜR AUTOREN A HEART FOR AUTHORS À L'ÉCOL
BCEЙ ДУШОЙ К ABTOPAM ETT HJÄRTA FÖR FÖRFATTARE A LA ESCUCHA DE LOS AUTC
MIA KAPΔIA ΓIA ΣYΓΓPAΦEI UN CUORE PER AUTORI ET HJERTE FOR FORFATTERE EEN
OINKÉRT SERCE DLA AUTORÓW EIN HERZ FÜ
BCEЙ ДУШОЙ К ABTOPAM ETT HJARTA FÖ

# Die Autorin

Artime Useini veröffentlicht mit „Unsere Lebenswege gehen wir ganz alleine" ihr erstes Buch. Die
39-jährige Albanerin stammt ursprünglich aus
Mazedonien. Ihre Kindheit verbringt sie zum Teil in
ihrer Heimat, zum Teil in der Schweiz. Die Schweiz
bleibt ihr Lebensmittelpunkt. Die Autorin bezeich-
net sich als „so international, dass man mich nicht
einordnen kann" und spricht mehrere Sprachen.
Das Buch schreibt sie, unter Verwendung eines
Pseudonyms, auf Deutsch und setzt damit ein Zei-
chen dafür, dass sie es geschafft hat, sich ein eigenes, unabhängiges Leben aufzubauen. Ihr Alltag
ist nicht einfach, als alleinerziehende Mutter eines
Sohnes und auf Arbeitssuche, doch sie ist stolz auf
ihre Stärke, die sie schon als Mädchen gezeigt hat
und die ihr die Unabhängigkeit ermöglichte. Ihre
Lebensgeschichte aufzuschreiben und sich selbst
dadurch besser kennenzulernen, gibt ihr Kraft und
Mut für die weitere Zukunft.

9 783991 463597